트랜서핑
다시읽기

78일간의 여정

트랜서핑 다시읽기
78일간의 여정

발 행 | 2020-11-20
저 자 | 이음
기획·디자인 | 꽃마리
펴낸이 | 한건희
펴낸곳 | 주식회사 부크크
출판사등록 | 2014.07.15(제2014-16호)
주 소 | 서울 금천구 가산디지털1로 119, A동 305호
전 화 | 1670 - 8316
이메일 | info@bookk.co.kr
ISBN | 979-11-372-2378-3

www.bookk.co.kr

---

* 그림과 함께 사용된 인용구는 저자 및 출판사, 번역가의 허락을 받아 사용했음을 알립니다.

-바딤젤란드, 박인수 역. 리얼리티 트랜서핑. 정신세계사, 2009
-바딤젤란드, 박인수 역. 리얼리티 트랜서핑 타로카드 설명서. 정신세계사, 2009
-바딤젤란드, 정승혜 역. 여사제 타프티. 정신세계사, 2018

REALITY TRANSURFING

트랜서핑
다시읽기

78일간의 여정

이음 지음

차례

책 소개

러시아 시크릿, 리얼리티 트랜서핑의 내용을 한 장의 그림으로 재해석하여 표현했다. 외국의 리얼리티 트랜서핑 커뮤니티로부터 좋은 반응을 얻었고, 저자 바딤젤란드로부터 책으로 출간해도 좋다는 허락을 받았다.

리얼리티 트랜서핑은 단순한 비법서가 아니다. 근본적으로 완전히 다른 사고방식과 행동방식을 얘기한다. 우리의 사고는 고정관념의 틀 속에 갇혀 삶에서 원하는 것을 얻고자 싸우곤 한다. 원하는 것은 이뤄지지 않고 오히려 원치 않는 일들은 왜 일어나는지, 어떻게 하면 자기 본래의 힘을 회복하고 가능태의 흐름을 타고 나아갈 수 있는지 그 원리를 설명한 책이다.

〈트랜서핑 다시읽기, 78일간의 여정〉은 트랜서핑의 내용을 간단한 그림으로 압축하여 표현한 책이다. 특히 이번 시리즈를 통해선 '트랜서핑 타로카드 설명서'와 여사제 타프티'를 담았다.

78 일간의 여정에 질문을 함께 두었다. 질문과 그림의 내용은 당신을 트랜서핑의 원리로 돌아오도록, 그리고 잠에서 깨어날 수 있도록 도울 것이다.

정신세계사에서 발간한 〈트랜서핑 타로카드 설명서〉와 〈여사제 타프티〉를 함께 본다면 더욱더 잘 이해가 될 것이다.

시작하기에 앞서

〈트랜서핑 타로카드〉의 메이저 아르카나 22개의 내용을
"자각 – 나 – 세상 – 회복 – 사랑 – 청소 – 선택" 이란 키워드로 정리했고,
각각의 장마다 질문을 던졌습니다.

> 자각: 당신은 깨어 있는가?
> 나: 당신을 아는가?
> 세상: 당신을 둘러싼 세상을 이해하는가?
> 회복: 어떻게 에너지를 높일 것인가?
> 사랑: 당신을 사랑하는가?
> 청소: 던져버릴 것은?
> 선택: 당신의 선택임을 아는가?

이 키워드와 질문을 전체 지도 삼아 책을 보시면 도움이 될 것입니다.

DAY1-DAY22 전체 지도

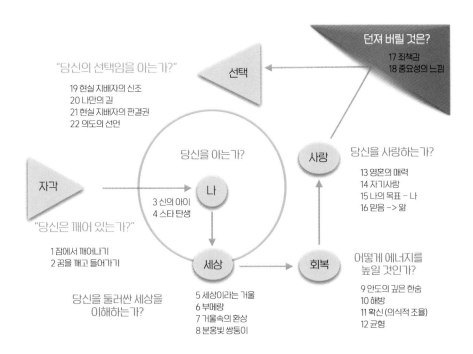

던져 버릴 것은?
17 죄책감
18 중요성의 느낌

"당신의 선택임을 아는가?"
선택

19 현실 지배자의 신조
20 나만의 길
21 현실 지배자의 판결권
22 의도의 선언

당신을 아는가?

나

사랑

당신을 사랑하는가?

13 영혼의 매력
14 자기사랑
15 나의 목표 – 나
16 믿음 –> 앎

자각

"당신은 깨어 있는가?"

3 신의 아이
4 스타 탄생

1 잠에서 깨어나기
2 꿈을 깨고 들어가기

세상

회복

어떻게 에너지를
높일 것인가?

9 안도의 깊은 한숨
10 해방
11 확신 (의식적 조율)
12 균형

당신을 둘러싼 세상을
이해하는가?

5 세상이라는 거울
6 부메랑
7 거울속의 환상
8 분홍빛 쌍둥이

DAY1-DAY22 전체 지도

하루, 하루의 삶을 살아가던 중 트랜서핑 카드가 저를 깨웁니다.

"똑똑, 당신은 지금 잠들어 있나요, 깨어 있나요?"
그 질문을 받고 나서야 내가 지금 잠들어 있는지, 깨어 있는지를 돌아보게 됩니다. 조금 몽롱할진 모르지만 그래도 잠에서 깨어납니다.

"당신을 아는가?"
그는 제가 신의 아이라고 말합니다. 나를 둘러싼 세상을 이해하고 있는지도 묻습니다. 세상은 거울과 같아서 내가 생각하는 대로 존재한다고요. 잠에서 막 깨어나 나를 보고 세상을 봅니다.

무엇을 먼저 해야 할지 모를 때 그는 또한 얘기합니다. 에너지를 높여야 하며, 자신의 힘을 회복하라고 말이죠. 나에게 주어진 의무감들을 내려놓고, 해방시켜 주라고 말합니다. 확신을 얻으려면 확신을 거부해야 한다는 역설적인 배움도 줍니다. 균형 상태를 이루며 가능태의 흐름을 따라가도록 말입니다.

그는 다시 한 번 묻습니다. "당신은 자신을 사랑하는가?"
매력이란 무엇일까요? 영혼과 마음이 주고받는 사랑이라고 합니다. 영혼과 마음이 조화를 이룰 때, 그 사람은 빛이 나며 매력적이고 아름답죠. 그러려면 나 자신을 먼저 돌봐주고 사랑해야 합니다. 그는 그것을 나의 목표로 두라고 말합니다. 그러면 믿음은 곧 앎으로 바뀔 것이라 합니다.

무엇보다 던져 버려야 할 것은 죄책감과 중요성의 느낌입니다. 자신이 중요하다는 느낌, 그것은 환상 위에 세워진 감정일 뿐입니다. 중요성을 거부하고 가볍게 흘러갈 때, 그리고 나를 얽매이던 것들을 벗어던졌을 때, 우리는 비로소 선택할 수 있게 됩니다.

"결국은 이 모든 것이 당신의 선택임을 아는가?"
현실지배자로서 선택하라고 말합니다. 의도를 선언하고 자신만의 길을 가라고 말이죠. 어떤 환경 조건에서도 있는 그대로의 자신으로 존재하도록 허용하라고 합니다.

"당신은 혼자가 아니다. 당신에게는 당신의 참된 힘이 있으며, 세상은 당신을 돌보고 있다."

이것을 삶으로 체화하기까지는 많은 시일이 걸릴 것입니다. 이내 잠에 빠져들고는 어딘가에 휩쓸려 살아가곤 할테죠. 상기하는 습관을 가질 필요가 있습니다. 또다시 제멋대로 뒤죽박죽 흘러갔던 마음을 일깨웁니다. 이제라도 깨어나 의도의 힘으로 나의 현실을 창조할 때입니다.

전체
지도

—

DAY 1 - DAY 22

자각

당신은 깨어 있는가?

당신은 꿈에서 깨어났는가?

▼

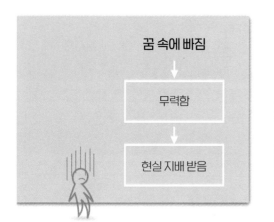

꿈 속에 빠짐

↓

무력함

↓

현실 지배 받음

깨어서 자각함

↓

힘

↓

현실 선택 가능

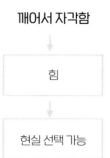

지금 여기로 깨어나라! 의식을 일깨우고 기억을 되살리라.

DAY 02

꿈을 깨고
들어가기

이것이 꿈이라는 것을 알아차렸는가?

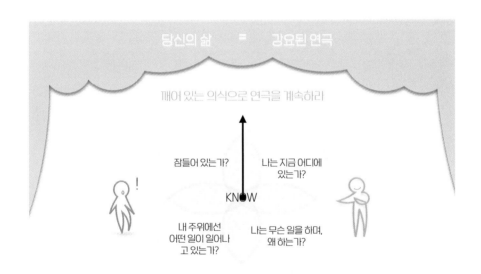

당신의 삶 = 강요된 연극

깨어 있는 의식으로 연극을 계속하라

잠들어 있는가?   나는 지금 어디에
있는가?

KNOW

내 주위에선
어떤 일이 일어나   나는 무슨 일을 하며,
고 있는가?   왜 하는가?

당신의 삶은 강요된 연극이라는 사실을 이제는 자각하라.

나

당신을 아는가?

DAY 03

신의 아이

당신은 누구인가?

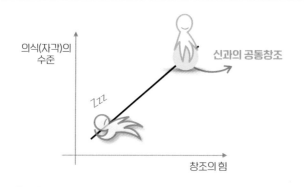

우리들 각자 내면에는 신의 한 조각이 들어있다.
의도의 힘으로 현실을 조종함으로써 당신은 신의 의지를 실현한다.

DAY 04

스타 탄생

스타는 어떻게 탄생하는가?

진정한 성공

STOP
세상의 기준 좇기

GO
자기만의 길

진정한 성공을 얻으려면 세상의 기준 좇기를 그만두고 자기만의 길을 가야 한다.

세상

당신을 둘러싼 세상을 이해하는가?

당신에게 세상은 어떤 모습인가?

▼

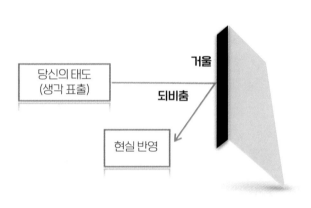

세상은 거울처럼 세상에 대한 당신의 태도를 되비춰준다.

부메랑

당신이 내보낸 것이 그대로 돌아옴을 아는가?

▼

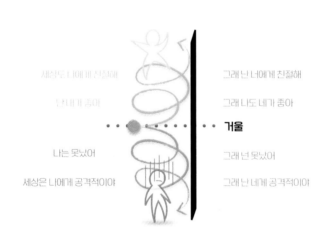

당신이 세상에 어떤 생각을 내보내든 그것은 부메랑처럼 당신에게 되돌아온다.

거울의 원리를 아는가?

▼

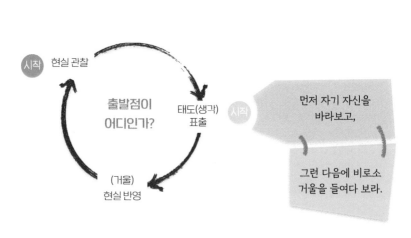

| 현실 관찰 시작 | 출발점이 어디인가? | 태도(생각) 표출 시작 | 먼저 자기 자신을 바라보고, |

먼저 자기 자신을
바라보고,

그런 다음에 비로소
거울을 들여다 보라.

(거울)
현실 반영

현실(거울)에 지배당함 ● 현실 관찰 –> 태도 표출 –> 현실 반영

현실을 창조 ● 태도 표출 –> 현실 반영 –> 현실 관찰

당신이 주의를 기울이고 있는 것은 무엇인가?

더 자주 눈에 띔

분홍빛
안경 씀

의도적
집중

당신의 세상의 층이 놀랍게 변화하기 시작하는 것을 직접 목격하게 될 것이다.

회복

어떻게 에너지를 높일 것인가?

당신을 억누르고 있는 것은 무엇인가?

▼

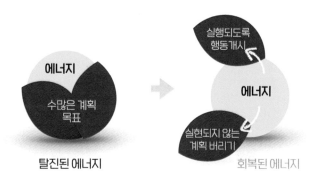

실현되지 않고 잠재해 있는 부분을 내던져 버리거나,
그것이 실현되도록 행동함으로 자신의 에너지를 회복하라.

DAY 10

해방

중요성을 제거하려면 어떻게 해야 할까?

▼

중요성으로 높여진 잉여포텐셜 에너지는 행동하는 가운데 흩어져 버린다.
자신을 해방시켜 더 많은 자유를 주라.

DAY 11

확신

당신에게 필요한 것이 '확신'인가?

▼

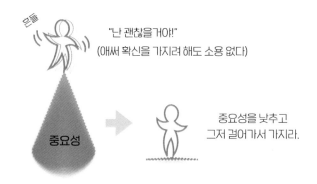

흔들

"난 괜찮을거야!"
(애써 확신을 가지려 해도 소용 없다)

중요성

중요성을 낮추고
그저 걸어가서 가지라.

이것은 흔들리기 쉬운 '확신'이 아니라 '고요하고 의식적인 조율'이다.

균형

문제를 마주했을 때, 이 질문을 던져 보라.

▼

무엇에 지나친 중요성을 부여했는가?
어디에서 균형이 깨졌는가?

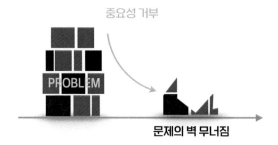

문제의 벽 무너짐

사랑

당신은 자신을 사랑하는가?

영혼의 매력

매력적인 사람들의 비밀은 어디에 있을까?

매력이란 영혼과 마음이 주고 받는 사랑이다.

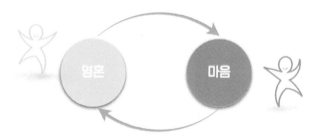

매력적인 사람은,
자기도취에 빠지지 않으면서도 자기사랑에 흠뻑 젖어있다.

DAY 14

자기 사랑

대체 누구와 비교하려 하는가?

▼

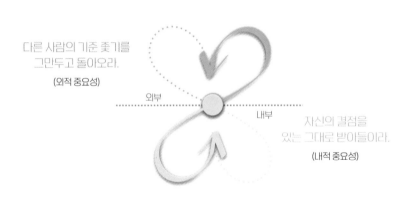

다른 사람의 기준 좇기를
그만두고 돌아오라.
(외적 중요성)

외부 · · · · · 내부

자신의 결점을
있는 그대로 받아들이라.
(내적 중요성)

당신은 매우 독특한 존재다.
자신으로 돌아와서 있는 그대로의 당신을 받아들이라.

나의 목표 - 나

나만의 목표를 어떻게 발견할 수 있을까?

▼

자기 자신에 대한 관심

삶의 의미 찾기

목표 발견

그러나 그 어떤 다른 목표도 찾을 수 없다면?

"나를 온전히 돌보는 것" 을 **목표로 두어라.**

DAY 16

믿음

어떻게 믿음이 앎으로 바뀌는가?

▼

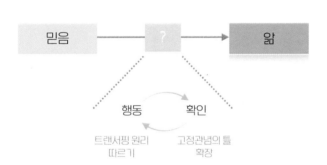

트랜서핑 원리를 따라 행동하면서 어떤 일이 벌어지는지 직접 확인해 가다보면
마음도 불가능한 것을 받아들이게 된다. 믿음은 곧 앎으로 바뀐다.

청소

던져 버릴 것은?

죄책감에 빠져 있는가?

▼

죄책감은 반드시 처벌의 시나리오를 만들어낸다.
자기 책임은 다하되, 죄책감에서 벗어나라.

중요성의 느낌

자신이 중요하다는 느낌,
그것은 환상위에 세워진 것임을 아는가?

▼

$$\text{Self-worth} = \frac{\text{다른이의 중요성}}{\text{나의 중요성}}$$

$$\text{Self-worth} = \frac{\text{다른이의 중요성} \quad \text{낮춤} \blacktriangledown}{\text{나의 중요성} \quad \text{높임} \blacktriangle} = \text{작아짐}$$

$$\text{Self-worth} = \frac{\text{다른이의 중요성} \quad \text{높임} \blacktriangle}{\text{나의 중요성} \quad \text{낮춤} \blacktriangledown} = \text{커짐}$$

자신의 중요성을 높여보려고 애를 써봤자 일은 그 반대로 일어난다.
그렇지만 자신의 중요성에 관심을 두지 않는 사람은 무조건 그것을 갖게 된다.

선택

당신의 선택임을 아는가?

DAY 19

현실 지배자의 신조

달라지는 환경에 따라 당신은 자신을 감추고 있지 않은가?

▼

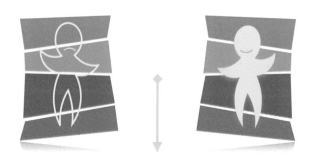

어떤 환경 조건에서도 있는 그대로의 자신으로 존재하라.

*자신의 신조에 따라 살라

* 다른 사람들의 견해에 곁눈질 하지 않고 자신이 바람직하다고 여기는 대로 행동하는 것

나만의 길

무엇이 당신의 삶을 잔치로 바꿔 놓을까?

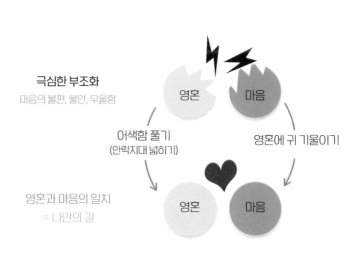

극심한 부조화
마음의 불편, 불안, 우울함

어색함 풀기
(안락지대 넓히기)

영혼에 귀 기울이기

영혼과 마음의 일치
= 나만의 길

영혼이 환호하고 마음이 손뼉을 치는 자기만의 길을 찾으라.
마음만 먹으면 반드시 그 길을 찾게 될 것이다.

DAY 21

현실 지배자의
판결권

자신의 권리를 아는가?

▼

당신은 평생 동안 무엇을 하고, 어떻게 행동하며, 무엇을 읽고,
무엇을 이루려 애써야 하는지를 사회로부터 교육받아 왔다.

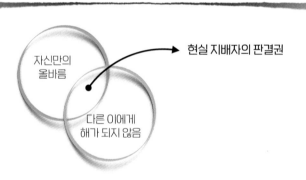

이제 자신만의 법을 제정할 수 있는 마땅한 권리를 자신에게 부여하라.

DAY 22

의도의 선언

생각이 제멋대로 흘러가고 있는가?

▼

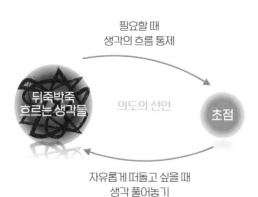

필요할 때
생각의 흐름 통제

뒤죽박죽
흐르는 생각들

의도의 선언

초점

자유롭게 떠돌고 싶을 때
생각 풀어놓기

나의 마음이 이리저리 배회한다면 그것은 오직 내가 그렇게 허용하기 때문이다.
필요할 때는 의도적으로 다시 집중된 상태로 돌아오라.

내부의도와
외부의도

DAY 23 - DAY 50

욕망 vs 내부의도 vs 외부의도

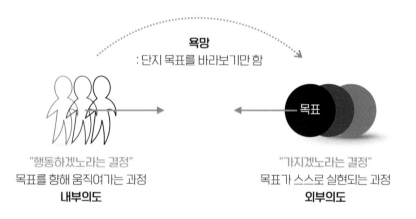

욕망
: 단지 목표를 바라보기만 함

"행동하겠노라는 결정"
목표를 향해 움직여가는 과정
내부의도

목표

"가지겠노라는 결정"
목표가 스스로 실현되는 과정
외부의도

의도의 실현

의도의 실현 단, 초점을 어디에 맞추느냐에 따라 '실현 시점'이 달라진다.

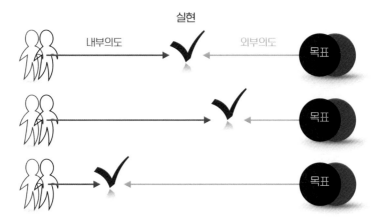

내부의도와 외부의도의 협업

내부의도 _ 행동함으로 잉여포텐셜이 흩어지고

외부의도 _ 회복된 의도에너지로 가능태를 선택한다.

내부의도와 외부의도의 협업

무언가를 원할 때, 다시 말해 최초의 '욕망'이 떠오를 때, 그리고 그것이 '순수의
도' 자체일 때는 어떠한 제재 없이 자연스레 이뤄질 것입니다.

그러나 보통은 욕망과 함께 '중요성'이 생겨나고 '어떻게' 이루면 좋을지 그 방법
을 고민하며 생각을 거듭하게 되죠. 스스로 다른 가능성을 한계 짓고 방법을 찾아
헤맵니다. 욕망이 생기면 그만큼의 잉여포텐셜이 같이 올라갑니다. 자유에너지는
잉여포텐셜에 의해 균형력을 유지하는 데 쓰이고, 정작 '의도'가 실현되는 쪽으로
는 쓰이지 못하죠.

그리하여 우리에겐 '행동'이 필요합니다. 이 행동은 잉여포텐셜을 흩어뜨리고 중
요성을 낮추는 역할을 합니다. 러시아의 속담, '눈은 겁내고 있지만, 손은 일하고
있다'처럼, 생각 속에 파묻혀 중요성이 높아진 채로 휘둘리기보다는 두렵더라도
'행동'을 함으로 중요성을 떨어뜨릴 수 있습니다.

여기에서 자신의 힘, 즉 행동으로 무언가를 이뤄내는 것, 이것이 바로 '내부의도'
죠. 그렇지만 '행동'이 지나쳐 자신의 힘으로만 무언가를 성취하려는 것 또한 우리
가 추구하는 방향은 아닙니다.

잉여포텐셜이 흩어져 새어나가던 에너지를 갈무리할 수 있게 되면 마음은 훨씬
여유로워져 영혼과 마음의 일치를 이룰 수 있게 됩니다. 이 일치를 통해 '외부의
도'가 형성되죠. 이는 곧 목표가 있는 트랙으로 가능태를 선택하게 합니다. 원했
던 그것이 더욱더 자연스럽고 적절하게 실현됩니다.

처음부터 '외부의도'만을 생각하며 영혼과 마음의 일치를 이뤄내기란 쉽지 않습니다. 어린아이처럼 순수하게 원하면 저절로 이뤄질 가능성이 높겠지만, 현대 성인으로서는 '순수하게 원한다'는 것이 잘 되지 않습니다.

너무도 많은 선입견과 왜곡된 정보들로 현실에 순응하게 되고, 생각으로 이것저것 재어보곤 하죠. 시작도 안하고는 '그것이 이뤄지기는 어려워'하며 고민과 번민을 거듭하다 아예 '원함'조차 놓아버리기도 합니다.

그리하여 우리는 어느 정도까지는 '내부의도'의 힘을 받아야 합니다. 행동을 통해 내 안에 쌓여진 잉여포텐셜을 흩어 놓아 보내고, 자연스레 축적되어지는 의도의 에너지를 통해 영혼과 마음의 일치에 이를 수 있습니다.

처음에는 내부의도의 비중이 더 높게 느껴지겠지만, 차차 외부의도의 비중이 높아지게 될 것입니다. 좀 더 순수하고 자연스럽게 가능태를 선택하며 말이죠.

행동하겠노라는 결정

가능할까, 어떻게, 어디서 얻지?
망설이고 있는가?

▼

망설임

불안　욕망

기대

그저 걸어가서
자신의 것을 손에 넣으라

당신이 뭔가를 해야 한다면, 망설임으로 에너지를 낭비하지 말라.

가지겠노라는 결정

그것이 당신에게 주어질텐데 무슨 문제가 있겠는가?

▼

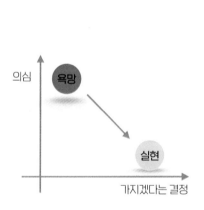

생각 속에 의심의 그림자가 없고 오로지 태연하게 가지겠다는 결정만이 있을 때,
불가능한 것이 가능하게 된다.

DAY 25

자신의 세계 청소하기

버릴 것은 무엇인가?

▼

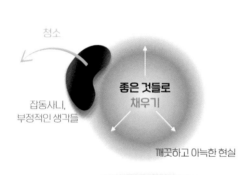

부정적인 잡동사니 쓰레기들을 내다버리고 나면 당신은 현실이 훨씬 더 따뜻하고 아늑한 분위기를 띠는 것을 발견하고 놀라게 될 것이다.

성공의 물결

어떻게 지속할 수 있을까?

때때로 만족감과 고양된 기쁨이 당신을 찾아온다.
그러나 그것이 지나면 다시 일상의 삶이 당신을 끌어내린다.

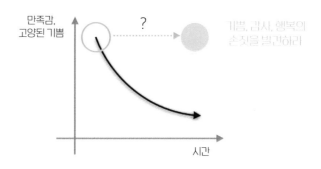

DAY 27

그림자를
따르지 말라

자기가 원하는 대로 되지 않을 때
사람들은 어떻게 행동할까?

▼

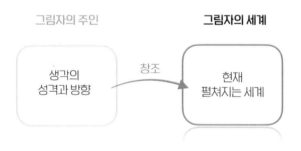

어리석은 마음은 거울에 비친 그림자를 바꿔보려고 헛되이 애쓴다.
그러나 사실은 그게 아니라 그림자의 주인을 바꿔야 한다.

이미지 형성시키기

왜 안되냐고?
단지 인내심이 부족한 것은 아닌가?

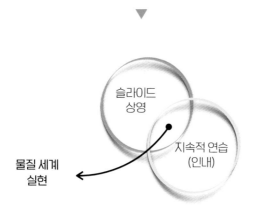

선택한 목표의 슬라이드를 물질화하기 위해서는
그것을 머릿속에서 충분한 시간 동안 지속적으로 상영해야만 한다.

세상이여, 너를
나에게 다오!

당신이 받고 싶은 것은 무엇인가?
그것을 주라.

▼

세상의 거울에 비친 그림자가 당신을 마중 나오게 하고 싶다면
당신 자신이 먼저 첫발을 내밀라.

DAY 30

세상이여, 나를 너에게 준다!

그가 원하는 것은 무엇일까?

▼

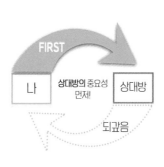

당신의 행동을 상대방의 의도를 실현시켜주는 쪽으로 맞추라.
그러면 그는 기꺼이 자진해서 그것을 되갚아줄 것이다.

DAY 31

조개의
반응

조개처럼 습관에 의해 무의식적으로
반응하고 있지는 않은가?

▼

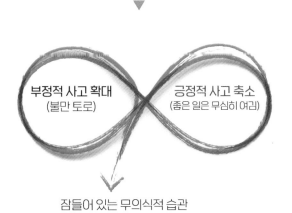

부정적 사고 확대
(불만 토로)

긍정적 사고 축소
(좋은 일은 무심히 여김)

잠들어 있는 무의식적 습관

"깨어나 의식적으로 태도를 표하라."

DAY 32

현실 지배자의 의도

당신은 무엇을 허용하는가?

▼

당신은 스스로의 의지로써 어떤 사건이나 상황을 자신에게 유익한 것,
다행하고 좋은 것으로 선언한다.

막연한 기대를 거는 것도,
맹목적 신념도,
그로부터 오는 자신감도,
모종의 낙관주의도 아니다.

"나는 나에게 이것을 허용한다."

펜듈럼의 규칙

당신은 어디로 따라가고 있는가?

▼

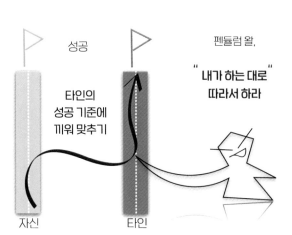

성공

자신

타인의 성공 기준에 끼워 맞추기

타인

펜듈럼 왈,

" 내가 하는 대로 " 따라서 하라

트랜서핑의 규칙을 기억하는가?

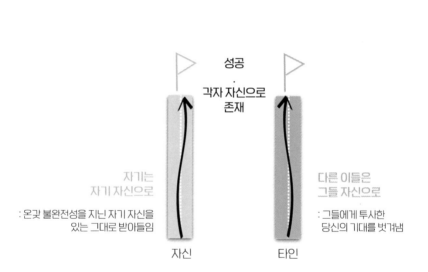

성공
·
각자 자신으로
존재

자기는
자기 자신으로

: 온갖 불완전성을 지닌 자기 자신을
있는 그대로 받아들임

다른 이들은
그들 자신으로

: 그들에게 투사한
당신의 기대를 벗겨냄

자신

타인

DAY 35

중요성 낮추기

결과인 감정만을 억누르려고 애쓰고 있지는 않은가?

▼

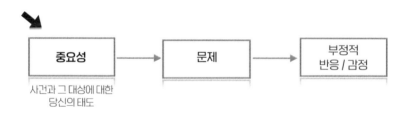

결과인 감정과 싸워 억누르려고 애쓰는 것이 아니라
원인인 중요성을 의식적으로 낮춰야 한다.

당신은 빈칸에 무엇을 넣을 텐가?

▼

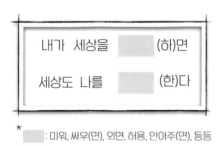

내가 세상을 ☐ (하)면

세상도 나를 ☐ (한)다

* ☐ : 미워, 싸우(면), 외면, 허용, 안아주(면), 등등

당신이 세상과 싸우면 세상도 당신과 맞싸운다.
당신이 싸움을 멈추면 세상이 당신을 마중나온다.

의도의 조율

세상이 당신을 보살피고 있다는 것을
당신은 이미 알고 있지 않은가?

어떤 사건에서든 조율상태를 유지하라.

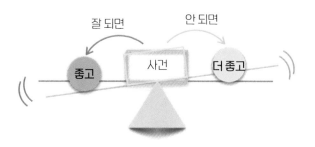

그러니 만일 어떤 일에 성공하지 못했다면,
그것은 뭔지 모를 다른 문제를 모면했다는 뜻이다.

세상이 나를 보살펴준다

당신의 공리는 무엇인가?

▼

달라진 세계

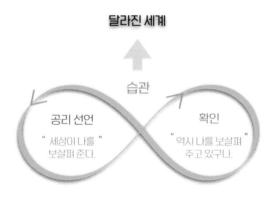

세상은 당신을 어떻게 보살펴야 할지 당신보다 더 잘 알고 있다.

흐름을
거스르기

무엇을 움켜쥐고 있는가?

▼

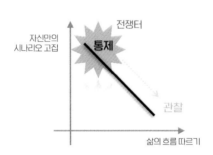

마음은 자기의 시나리오를 완강하게 고집하고 흐름에 거슬러 노를 저으며 허우적댄다.
통제하기보다는 관찰하도록 노력하라.

DAY 40

흐름을 타기

예기치 못한 상황을 맞닥뜨렸는가?

▼

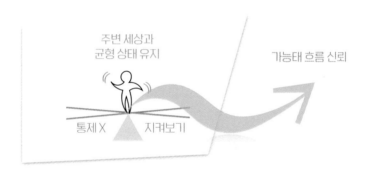

일이 당신이 기대했던 것과 다르게 벌어지더라도 꽉 쥔 손아귀의 힘을 풀고
예기치 못했던 변화를 당신의 시나리오로 받아들이라.

상기하는 습관

그 문제 상황은 중요성 때문임을 아는가?

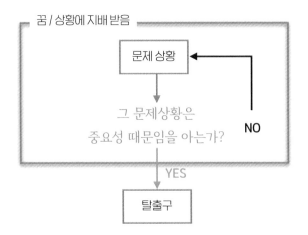

문제 상황에서 벗어날 탈출구를 찾기 위해서는
먼저 그것이 중요성 때문에 일어난다는 사실을 상기해야 한다.

왜 당신은 안된다고 생각하는가?

▼

당신을 제한하는 그 말들을 믿지 말라.

DAY 43

과정의 심상화

전이 사슬 중 현재의 고리를 심상화 하라

오늘은 모든 게 어제보다 더 잘 되고 있으며,
내일은 오늘보다 더 나을 것이다!

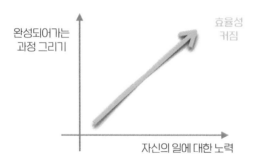

작품을 창작하고, 동시에 그것에 감탄하며 완성되어가는 과정을 그리라.

슬라이드

슬라이드 상영은 당신에게 주어진 커다란
특권임을 아는가?

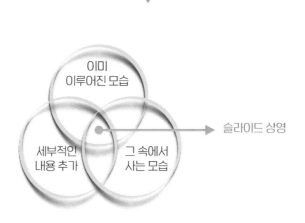

슬라이드는 목표가 이미 이루어진 것처럼 그려낸 영화 필름 같은 것이다.
그 속에 자신을 몰입시키고 가상으로라도 그 속에서 살라.

목표를 향한 길

스스로 길을 망치고 있다는 것을 아는가?

▼

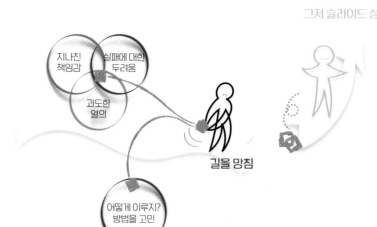

그저 슬라이드 상영

지나친
책임감

실패에 대한
두려움

과도한
열의

길을 망침

어떻게 이루지?
방법을 고민

문

쉽고, 자연스럽게,
그리고 즐겁게 할 수 있는 것이 있는가?

▼

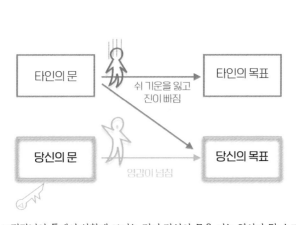

고정관념의 틀에서 하찮게 보이는 것이 당신의 문을 여는 열쇠가 될 수도 있다.

의존적 관계

세상이 당신에게 악의를 품고
다가오는 것처럼 느껴지는가?

그렇다면 당신이 어디에다 지나친 중요성을 부여하고 있는지 생각해 보라.

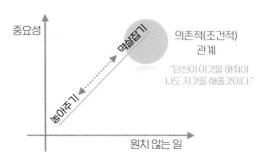

당신이 더 많이 원하고 더 많이 요구할수록 그에 반대되는 것을 끌어당기는 자석의 힘은 더 세진다.

사랑 찾기

당신은 그/그녀 앞에서
당신 자신으로 있는가?

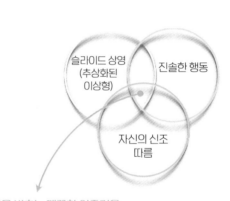

슬라이드 상영
(추상화된
이상형)

진솔한 행동

자신의 신조
따름

사랑을 비추는 깨끗한 이중거울

솔직함은 언제나 사람의 마음을 산다.
언제나 있는 그대로의 자신으로 남아 있으라.

펜듈럼 끄기

이것은 단지 당신으로부터 에너지를 끌어내려고 애쓰는
펜듈럼일 뿐이라는 사실을 기억하는가?

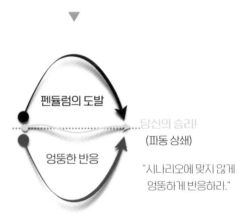

펜듈럼의 게임은 당신의 균형을 깨뜨리는 것에 그 핵심이 있다.
당신이 해야 할 것은 그 게임의 규칙을 의도적으로 깨버리는 것이다.

펜듈럼의 붕괴

당신은 싫어하는 일들을 생각하면서 괴로워 하는가?

▼

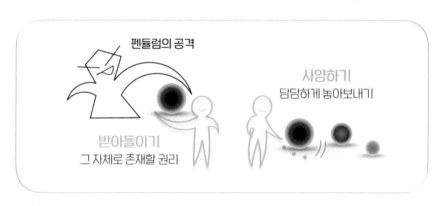

펜듈럼의 공격

사양하기
담담하게 놓아보내기

받아들이기
그 자체로 존재할 권리

가볍게 받아들이고 담담히 놓아보내라.

나의 빈틈을 노리는 펜듈럼

수많은 이야기, 사건, 사고들이 지나가던 중,
나의 '빈틈'에 걸림

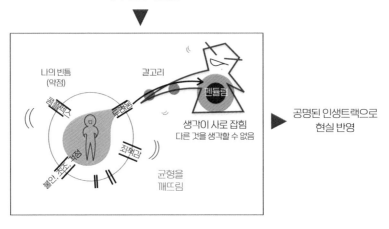

나의 빈틈을 노리는 펜듈럼

수많은 이야기, 사건, 사고들이 우리의 귀를 스쳐 지나갑니다. 여기저기에서 안 좋은 기삿거리가 울려 퍼지고, 주위 사람들은 그 사건들을 곱씹으며 분노를 표하기도, 안타까움을 표하기도 하죠. 특히 부정적인 정보들, 달갑지 않은 사건들은 우리의 시선을 더욱 사로잡습니다.

만약 이렇게 들려오는 사건들에 큰 영향을 받지 않는다면 이 이야기들은 금세 잊어버리게 될 것입니다. 자신의 삶 속에 아무것도 공명되지 않은 채로 그저 기존의 흐름대로 살아가게 되는 것이죠.

그러나 펜듈럼은 사람들의 '빈틈'을 놓치지 않습니다. 여기에서 빈틈은 '두려움, 죄책감, 불안, 초조, 걱정, 콤플렉스 등'과 같은 것들을 의미합니다. 사람들은 이 빈틈에 걸려들어 위의 이야기들이 자신과 관련되었다고 느껴질 때, 주변 사람들과 끊임없이 관련된 이야기를 토로하게 됩니다.

펜듈럼은 수많은 이야기가 흘러가는 중에 그 누군가의 틈새를 사냥감을 찾듯 찾아내어 갈고리를 걸어버리죠. 이 틈새에 걸리지 않는 이야기들은 그저 무심히 지나가 버리지만, 갈고리에 '딱' 걸린 이야기들에 대해선 평정심을 유지하기가 어렵습니다.

그 갈고리에 모든 신경이 쏠리고, 생각하고, 생각하고 또 생각하게 됩니다. 도저히 다른 이야기는 존재하지 않는 듯 말이죠. 갈고리에 걸린 틈새로 사람들의 에너지는 펜듈럼에 사로잡히게 되고, 더욱더 많은 에너지들이 휘감겨 올라가게 됩니다. 점점 더 사념에너지의 방향이 일정하게 맞추어지고, 그리고 어느 임계점에 도달했을 때 공명된 현실로 반영되죠. 바로 그 원치 않는 세계가 자신의 삶에 현실화 된 것입니다.

결국 우리의 훈련은 이 빈틈을 최대한 줄여가는 것이 아닐까 합니다. 떳떳하지 못하고 무언가 걸리는 것이 있다면 바로 그 지점이 내 에너지가 새어가는 틈이죠. 펜듈럼은 사람들의 약한 곳을 귀신같이 알아냅니다. 생각에 빠지고, 문제에 빠지고, 펜듈럼에 사로잡히는 순간 우리는 그것을 알아차리기 전까진 펜듈럼에 휘둘리게 됩니다.

펜듈럼에 텅 비어 있는 것. 갈고리에 걸릴 만한 틈새를 내어주지 않는 것. 혹, 걸려들었다 하더라도 알아차리는 것. 쉽지 않겠지만 그럼에도 계속 상기해야 할 것입니다.

REALITY TRANSURFING

영혼과
마음

—

DAY 51 - DAY 78

영혼과 마음의 일치

불일치

내가 다 알아!
내 시나리오대로
이뤄져야 해!

영혼과 마음의 일치

너에게 맞 겨둬, 내 사랑

목표달성에 대한 영혼과 마음의 온도차, 그리고 현실

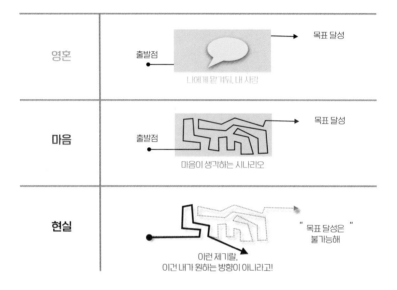

목표달성에 대한 영혼과 마음의 온도차, 그리고 현실

"이 바보야, 그건 네가 걱정할 일이 아니란 걸 알아둬!
네가 할 일은 최종목표에만 주의를 고정하는 것뿐이야!"

마음은 무엇을 실현시키려고 할 때는 반드시 어떤 구체적인 방법이 있어야 한다고 생각하고, 온갖 부정적인 가능성들을 떠올리면서 걱정한다. 마음은 이해할 수 없는 사건이 발생할 때 보통 그것을 인정하지 않고 거부하려고 한다.

그러나 이제는 그 반대가 되어야 한다. 현실이 시나리오와 일치하지 않는다고 마음이 불만을 제기할 때마다 정신을 바짝 차리고 즉각 만사가 잘 되어가고 있다고 다짐하면서 변화를 받아들여야 한다.

사람들은 자신이 생각한 바가 실현되는 것을 스스로 나서서 훼방한다. 어떤 소망을 품을 때 마음은 항상 대략적인 사건의 전개도를 미리 짜낸다. 마음의 본성이 원래 그렇다. 그런데 일어나는 사건이 시나리오와 일치하지 않으면 마치 아무 일도 되지 않는 것처럼 보인다.

그러나 실제로는 모두가 되어야 할 대로 이뤄지고 있다. 그런데 마음은 틀에 꽉 막혀 있어서 시나리오를 수정하기 싫어하기 때문에 스스로 모든 일을 망쳐놓는 행동을 하기 시작한다.

*출처: 바딤젤란드, 트랜서핑의 비밀(박인수 역, 정신세계사, 2010), 249.

"이런 제기랄, 이건 내가 원하는 방향이 아니라고!"

그 소망하는 일이 이루어지기 위해선 어떻게 전개되어야 할지 확실하게 알 수 있는 사람은 없습니다. 마음은 그것을 알고 있노라 주장하며 나서지만 결국 실패로 돌아가고 말 뿐이죠.

내가 생각한 대로, 내가 예상한 시나리오대로 이뤄지기 시작하면 '잘'되고 있는 것 같은 기분이 듭니다. 이때는 아무런 저항이 없죠. '아, 세상이 정말 나를 돌보아주고 있구나!' 절로 감탄이 나옵니다. 세상은 아름답고 노래를 부르고 있고 따뜻하게 반겨주죠.

그러다 어느 지점에서 삐끗거리기 시작합니다. '어랏?' 하는 지점들이 있습니다. 사실 그 일과 목표가 달성되는 것은 크게 연관성이 없을지도 모릅니다. 하지만 마음은 조급해지죠.

'이거, 이거, 이상한데?' 불안해집니다. 예상하던 시나리오와는 다르니까요.

"우리 제대로 가는 거 맞아?"
"응, 맞아, 내 사랑"
"아닌 것 같은데? 이 길은 낯선 곳이라고. 뭔가 잘못된 것 같아. 그렇지 않아?"
"난 언제나 너의 거울인걸. 그래 뭔가 잘못되었나 봐"

따뜻하고 상냥한 세상은 어디 가고 낯선 차가움이 맴돕니다. 그럴수록 더욱 알아차려야 합니다. '늘' 상기해야 합니다.

"아, 맞다! 넌 나의 거울이지. 비록 낯선 길이긴 하지만, 우리 잘 가고 있는 거 맞지?"
"응 맞아, 내 사랑"

나는 다 알 수 없습니다. 길을 안다고 생각했지만, 그것은 제 오만이었죠. 예상한 길을 갈 때처럼 절로 감탄이 나오진 않지만, 연습을 해나갑니다.

"나를 언제나 돌봐주고 지켜주고 있다는 걸 알아요.
나를 인도해줘요. 고마워요."

DAY 51

무한의 불가해성

모든 것을 이해해야 한다고 믿는가?

▼

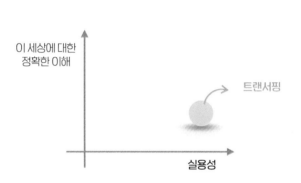

모든 것을 다 이해할 수 있는 것은 아니다.
단지 실용적인 모델을 제안할 뿐.

영원의 수문장

당신은 자신의 권리를 아는가?

▼

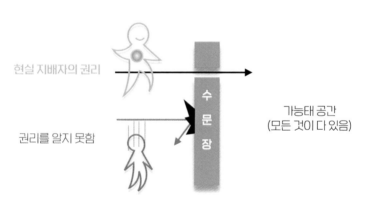

현실 지배자의 권리

권리를 알지 못함

수 문 장

가능태 공간
(모든 것이 다 있음)

이 완강하고 엄한 수문장은
오직 현실 지배자의 권리를 휘두를 만큼 대담한 사람만을 들여보낸다.

운명을 조종하기

의도의 조종간을 붙잡겠는가?

▼

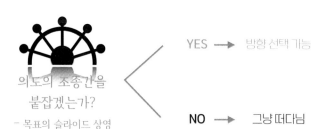

의도의 조종간을
붙잡겠는가?
- 목표의 슬라이드 상영

YES ⟶ 방향 선택 기능

NO ⟶ 그냥 떠다님

조종간을 붙잡으면 그 사람의 삶은 상황에 따라 좌지우지되기를 멈춘다.

영혼의 게으름

당신은 무엇을 믿는가?

▼

| 남이 말해준
예언, 꿈, 해석 | 당신은

무엇을

믿는가? | 스스로에 대한 믿음 |

자신의 운명을 다른이에게 내맡기지 말라!
스스로 창조해 가라!

마음의 틀

당신은 자기 자신을 어떻게 대하는가?

▼

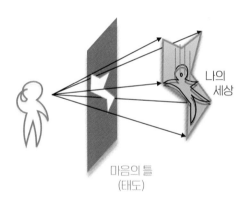

세상은 당신을 어떻게
대하는가?

=

당신은 자기 자신을
어떻게 대하는가?

나의
세상

마음의 틀
(태도)

우리는 자신의 존재에 대해 스스로 정의한 그대로 산다.

DAY 56

세상에 대한 불만

당신에게 세상은 어떠한 모습인가?

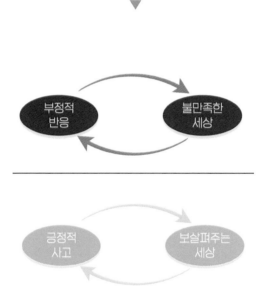

더 나은 삶을 진정으로 원한다면 부정적인 반응을 긍정적인 사고로 바꾸라.

열등감

나는 다른 사람과 같아지고 싶은가,
아니면 자신으로 존재하고 싶은가?

▼

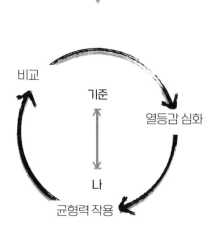

자신에게 물으라.

자족함

당신의 시선은 어디로 향하고 있는가?

▼

I'm here!

자신의 내면을 들여다보라.

당신은 엄청난 잠재력을 지니고 있다. 비록 그렇지 않은 것처럼 보일지라도 말이다. 당신은 모든 것을 할 수 있다. 아직껏 아무도 그것을 말해주지 않았을 뿐이다.

DAY 59

결정하기

마음의 결정이 내려졌을 때 당신은 어떤 기분을 느꼈는가?

▼

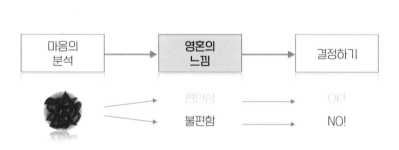

만일 '좋다'고 말하게 하기 위해 자신을 설득해야만 한다면 그것은 영혼이 '싫다'고 말하고 있음을 뜻한다.
영혼이 '좋다'고 할 때는 자신을 설득할 필요가 없다는 사실을 명심하라.

새벽별
속삭이는 소리

혹시 머릿속 목소리에만 귀 기울이고 있지 않은가?

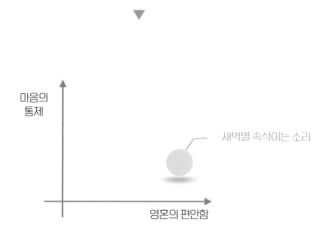

영혼은 생각하지도 않고 말하지도 않는다. 영혼은 느낌으로써 안다.

DAY 61

타인의 목표

그 목표에 대해, 자신을 설득해야 하는가?

▼

자신의 목표
확인 방법

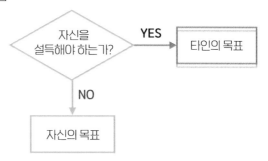

나는 진정 온 영혼으로써 그것을 원하는가? 아니면 그저 원하기 위해서 원하는가?

당신의 목표

나의 영혼은 무엇에 끌리는가?

▼

타인의 목표

당신의 목표

모든 사람이 내면에 귀한 보물을 품고 있다.
자기 영혼의 독특한 개성이 그것이다.

참된 성공을 얻는 비밀은 펜듈럼으로부터 자유로워지는 것,
즉 자신의 길을 찾아내는 것에 있다.

의도의 타륜

그것을 어떻게 이룰까 싶어 흔들리고 있는가?

▼

생각의 방향타 잡기
(이룰 방법만을 생각하지 말고
이미 이루어진 것처럼 생각)

흔들 흔들

두려움
어떻게 이루지?

갈망
진짜, 진짜 원해!

어떤 일이 일어나더라도 목표를 향해 확고하게 방향을 잡으라.

영혼의 돛

당신의 독특함을 잊어버리고 무의식적인
꿈속으로 빠져들고 있지는 않은가?

▼

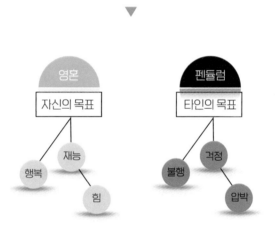

누구에게나 자신의 목표가 있다.
그 목표를 향해 가는 길에서 사람은 자신의 재능을 발견하고 진정한 행복을 찾는다.

DAY 65

비관적 태도

당신의 태도는 어떠한가?

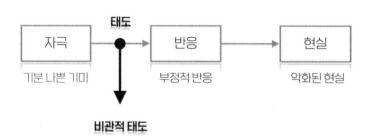

자극에 신경질적으로 반응하기를 멈추라.

의지처

위험은 어디에서 오는가?

▼

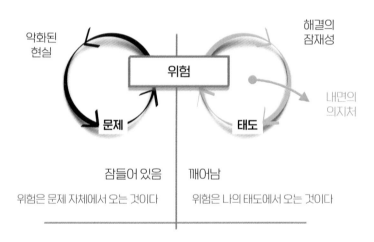

DAY 67

시나리오
조정하기

당신의 시나리오를 강요하고 있는가?

▼

**시나리오 조정을 위한
레시피**

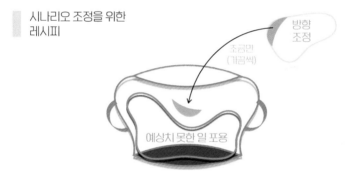

방향
조정

조금만
(가끔씩)

예상치 못한 일 포용

당신의 시나리오를 강요하지 말라. 세상이 가능태의 흐름에 따라 움직여가도록 허락하면서
가끔씩만 필요한 곳으로 방향을 잡아주라.

DAY 68

영혼의 상자

상자 안에 갇힌 영혼을 어떻게 풀어놓을 수 있을까?

▼

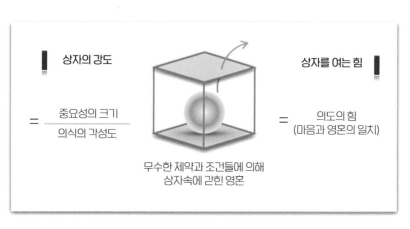

상자의 강도

$$= \frac{중요성의 크기}{의식의 각성도}$$

상자를 여는 힘

$$= \begin{array}{c} 의도의 힘 \\ (마음과 영혼의 일치) \end{array}$$

무수한 제약과 조건들에 의해
상자속에 갇힌 영혼

상자의 강도는 얼마나 셀까?

자신의 중요성이 클수록,
그 반면 의식의 각성도는 낮을수록
이 상자는 더욱 강해진다.

어떻게 상자를 열지?

중요성을 낮추고,
마음과 영혼의 일치를 이뤄낼수록
상자를 열 수 있다.

112

REALITY TRANSURFING

DAY 69

이상화

당신은 어떤 신화에 빠져 있는가?

▼

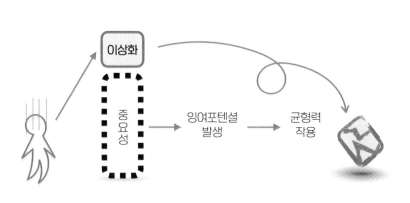

실제로는 없는데 뭔가가 있는 것처럼 보일 때,
주변의 에너지장에 왜곡을 일으켜 잉여포텐셜이 발생한다.

DAY 70

조건 없는 사랑

조건을 요구하고 있지는 않은가?

▼

조건이 덧씌어짐	조건적 사랑	잉여포텐셜 발생
	"만약 당신이 그것을 한다면, 사랑해줄께" "이것을 할테니 나를 사랑해줘"	
사랑	조건 없는 사랑	창조적, 긍정적 에너지 발산

그냥 사랑하라, 아무것도 계산하지 않은 채로.

DAY 71

비교에서
일어나는 양극

오, 펜듈럼 너였냐?

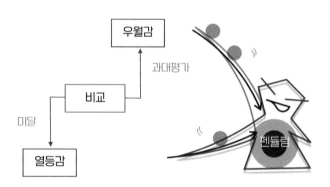

당신으로 하여금 어떤 기준에 자신을 비교하도록 만드는 것이야말로
펜듈럼의 책동임을 자각하라.

영혼의 독특함

당신은 자신이 독특한 존재임을 아는가?

다른 사람처럼 되려는
헛된 노력은 그만두고

자기만의 개성을
인정하라

MY
SELF

덧 씌워진 것
벗겨냄

독특한 하나의 존재로서 존재할 권리를 잊지 말라.

마음의 인색함

그것은 말도 안된다고!?

마음은 **고정관념의 틀**에 갇혀 있다는 사실을 기억하라.

마음은 그것이 어떻게 실현될 수 있을지 상상하지 못한다.
마음이 동의하기만 했어도 외부의도가 알아서 해결해 줄 것을!

DAY 74

영혼의 욕망

자신의 무한한 가능성을 허용하겠는가?

▼

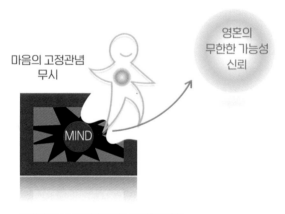

마음은 묻는다. "어떻게 그것이 이루어지겠어?"
당신의 영혼은 대답한다. "그것은 네가 알 바 아니야. 우리는 단지 장난감을 고르러 가고 있다고!"

마음이 허락하면 영혼은 꿈을 실현할 길을 찾을 것이다.

DAY 75

돈

목표를 따르고 있는가, 돈을 따르고 있는가?

자신의 목표를 향해 걸어갈 때 돈은 따라온다.

돈이 있다는 생각에 고정하라. (돈이 모자르다는 생각에 고정하지 말라.)
돈이 들어올 때는 사랑과 기쁨으로 받아들이고, 떠날 때는 무심히 보내주라.

안락지대

당신의 꿈은 당신에게 편안한가?

▼

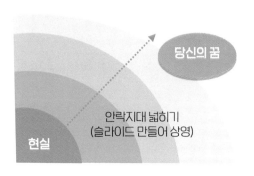

당신의 꿈

안락지대 넓히기
(슬라이드 만들어 상영)

현실

당신의 꿈을 이뤘다고 상상해 볼 때, 그다지 확신이 들지 않는다면,
그것이 아직 자신의 안락지대에 들어오지 않았다는 뜻이다. 안락지대를 계속 넓혀가라.

DAY 77

동맹군

"그들이 나를 보살핀다."
당신의 동맹군은 주위에 얼마나 있는가?

▼

모든 무생물체는 당신이 그들에게 살아 있는 존재인 것처럼 말을 걸고 교감을 나누면
생명체가 되어 당신의 동맹군이 되어준다.

당신에겐 수호천사가 있는가?

▼

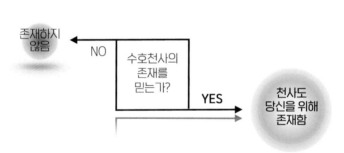

존재하지
않음

NO

수호천사의
존재를
믿는가?

YES

천사도
당신을 위해
존재함

자신의 수호천사에게 진심으로 사랑과 감사를 표할수록
그는 더욱 더 강해지고, 더욱 더 많은 도움을 줄 수 있다.

마음에게

"당신은 진정으로 최고의 것을 모두 누릴 자격이 있다. 왜냐하면 당신은 실로 멋지고 놀랍고 독특한 생명이기 때문이다. 그저 자신이 그런 생명이 되도록 허용해주기만 하라."

그러니까, 저도 이것만은 압니다. 이 '영혼'은 신의 한 조각으로써 신의 전지전능한 힘을 가지고 있다고. 말 그대로 모든 것을 할 수 있는 무한한 가능성과 능력이 있다고 말이죠. 영혼의 그 독특함과 아름다움, 놀랄만한 힘!

그러나 그 영혼이 제 개인으로 한계지어질 땐, 그 모든 빛은 바래지고, 가능성은 희미해집니다. '에이, 그것이 어떻게 가능하겠어. 말은 해 볼 수 있지. 무슨 무슨 전문가, 백억! 그런데 에이, 그게 진짜 어떻게 가능하겠어, 너무 순진한 거 아니야?'

'상식적인 세계관과 펜듈럼'은 그것이 불가능하다는 메시지를 끊임없이 던지고, 사람들로 하여금 그것을 전적으로 믿게 만듭니다. 저도 예외가 아닙니다. 마음은 계속 의심하죠.

머릿속을 싹 비우곤, 마치 처음부터 다이아몬드 수저 집에서 태어난 사람처럼 그 모든 풍요를 '당연하게' 생각하고 싶은데 당연해지지 않습니다. '아냐, 너도 충분히 할 수 있고, 가질 수 있어. 단지 선택하기만 하면 된다고!' 스스로를 설득시키려고 해 봤자 '설득'에 불과하죠. 확신을 가질 수가 없습니다.

지난 시간 트랜서핑 시리즈를 다시 한번 쭉 읽어나갔습니다. 어쩌면 단순하게 보이기도 하지만, 또 복잡하게 보자면 수많은 개념들이 총 망라되어 있는 이 정보들 앞에 저는 다시금 출발점에 서서 질문을 던졌습니다.

"나는 나를 아는가?"

마음은 외칩니다. '나는 너를 안다고. 내가 최선의 길로 너를 인도해 보겠노라'고.

정말로, 정말로 아는가? 앞서 언급했던 것처럼, 신의 아이로서 진정으로 최고의 것을 모두 누릴 자격이 있음을, '나'라는 존재는 실로 놀랍고 멋지고 독특한 생명이라는 것을 정말로 아는 걸까요?

아니, 잘 모르겠습니다. 스스로에 대한 정체성마저 이렇듯 흔들리고 얄팍한데 어찌 풍요를 '당연하게' 여길 수 있을까요.

고요한 밤, 눈을 감고 내면에 초를 하나 켜 두면 생각보다 그 안이 매우 넓음을 보게 됩니다. 단지 이 육체의 한계를 넘어서 광활한 공간이 그곳에 자리하고 있습니다.

눈뜬 채로 잠이 들어 온갖 정보를 받아들이며 정신없이 살아가다 보니 내면의 깊고 넓은 우주를 보지 못합니다. 그러나 그 공간을 의식할 때, 그때서야 마음에게 말을 건넬 수 있게 됩니다.

-

마음, 너를 이해한다.
네가 그 생각을 하고 또 그렇게 믿는 것은 무리가 아니다.
그 마음속 깊이 올라오는 의심과 두려움도 충분히 그럴 수 있음을 이해한다.

본 적도, 들은 적도 없고, 그저 그런 삶만을 경험한 너에게,
개미처럼 열심히 일하는 삶밖에는 본 적이 없는 너에게,

어찌 다른 세계를 상상하고, 스스로에게 허용할 수가 있었겠니.

그러나 분명 다른 삶 역시 존재하고 있단다.
마음 한 켠으로 영혼의 그 잠재적인 힘을 알고 있지 않니.

-

고요한 공간 속의 그 순간만큼은 마음에게 들려줄 수 있게 됩니다. 내면에 존재하는 광활한 우주 안에서 제 마음에게 소중히 얘기해 주어야겠습니다.

그림으로
이해하는

여사제 타프티

01

소개_꿈과 생시

현실은 무엇인가?

▼

현실은 너희가 상상했던 것과 전혀 다르다

삶 = 꿈

죽음 = 깨어남

1. 꿈에서도 생시에서도 잠들어 있다.
2. 현실은 마치 영화속의 한 프레임처럼 움직인다.
3. 프레임의 움직임을 통제할 수 있지만 그렇게 하지 못한다.

02

두 개의 스크린

<외부 스크린>, <내부 스크린>, 그리고 <주의>

▼

내부 스크린

생각에 빠짐

잠들어 있음

외부 스크린

외부의 자극과
환경에 빠짐

당신의 주의는 어디에 있는가? – **의식의 중앙으로 보내라.**

03

꿈속에서의 산책

의식의 중심으로 들어가서 말하라

▼

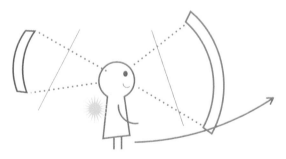

" 나 자신이 보이고 현실이 보인다.
나는 현실의 꿈속을 산책할 것이다. "

스크린과의 연결을 끊고,
주의를 돌려 의식의 상태에 머무르라.

04

현실로의 첫 외출

스크린에 연결되어 잠이 들었다는 사실을 아는가?

▼

너희는 너희가 등장인물로서 지금 이 순간 존재하고 있는
어느 영화에 연결된 시나리오에 따라 움직이고 있다.

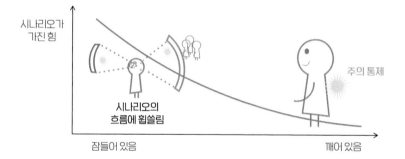

하지만 잠에서 깨어나 주의를 통제하기 시작하면서부터
시나리오는 너희에 대한 힘을 잃게 된다.

05
주의 감시하기

어떤 일이 생기든 잠에 빠지지 않고 오히려 정신을 차리는 습관

▼

내부 활성체
어떤 일이 생기기 전에
주의를 의식의 중심에 고정해 두는 것

외부 활성체
어떤 일이 일어나자마자
자신의 주의를 집중시켜
의식의 중심에 유지함

06

현실 선택하기

무엇을 선택할 수 있을까?

상영되고 있는 그 필름의 프레임이
지금 나의 '현재'이며, 이 순간의 '실제'다.
이미 재생되고 있기에 바꿀 수 없다.

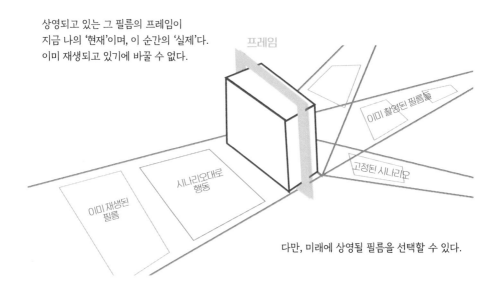

다만, 미래에 상영될 필름을 선택할 수 있다.

07

의도의
땋은 머리

땋은 머리 끝을 느껴보라

▼

프레임 통제 (미래 선택) 방법
: 의도의 외부 중심으로 미래 프레임 비추기

(이마 부위)

내부 중심

현재 프레임 안에서의
일상적 기능

(땋은 머리 끝)

외부 중심

다가올 미래 프레임
선택 가능

08

땋은 머리
사용하기

현실을 선택하는 방법

▼

1

잠에서 깨어나
의식의 점으로 들어가라
"나 자신이 보이고 현실이 보인다"

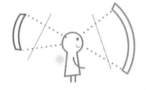

2

스크린 끊기

땋은 머리를 활성화 시켜라
(외부중심에 주의 집중)

3

땋은 머리에서 주의를
놓치지 않은 채로
미래 프레임을 상상하라.

09

행동의 환상

당신은 행동을 '한다'고 생각하는가?

행동은 너희가 '하는'것이 아니라 너희에게 '일어나는'것이다.

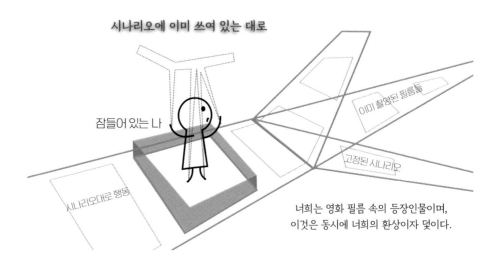

시나리오에 이미 쓰여 있는 대로

이미 촬영된 필름틀

잠들어 있는 나

고정된 시나리오

시나리오대로 행동

너희는 영화 필름 속의 등장인물이며,
이것은 동시에 너희의 환상이자 덫이다.

10

덫에서 벗어나기

수동적 태도에서 능동적 태도로

▼

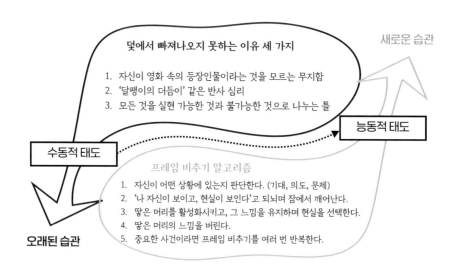

덫에서 빠져나오지 못하는 이유 세 가지

1. 자신이 영화 속의 등장인물이라는 것을 모르는 무지함
2. '달팽이의 더듬이' 같은 반사 심리
3. 모든 것을 실현 가능한 것과 불가능한 것으로 나누는 틀

새로운 습관

능동적 태도

수동적 태도

프레임 비추기 알고리즘

1. 자신이 어떤 상황에 있는지 판단한다. (기대, 의도, 문제)
2. '나 자신이 보이고, 현실이 보인다'고 되뇌며 잠에서 깨어난다.
3. 땋은 머리를 활성화시키고, 그 느낌을 유지하며 현실을 선택한다.
4. 땋은 머리의 느낌을 버린다.
5. 중요한 사건이라면 프레임 비추기를 여러 번 반복한다.

오래된 습관

11

수선하기

일상적이고 평범하게 습관을 들여가며 고치기

▼

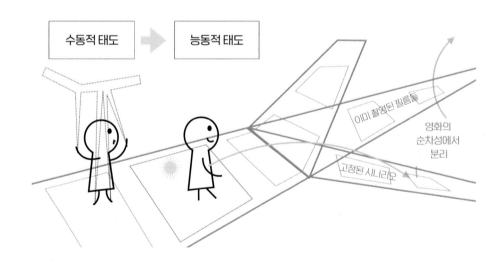

12
변화하기

너희는 영사기이자 관객이다

▼

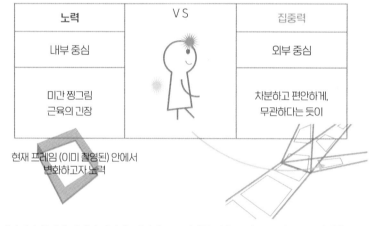

노력	V S	집중력
내부 중심		외부 중심
미간 찡그림 근육의 긴장		차분하고 편안하게, 무관하다는 듯이

현재 프레임 (이미 촬영된) 안에서
변화하고자 노력

너희는 영사기인 동시에 관객인 셈이다. 뒤에서는 프레임을 비추고 있고, 중심으로는 영화를 보고 있다.
마치 너희 자신만큼은 그와 아무런 관련도 없다는 듯이.

13

메타력

물질 세계에서는 힘, 거울 속에서는 메타력

▼

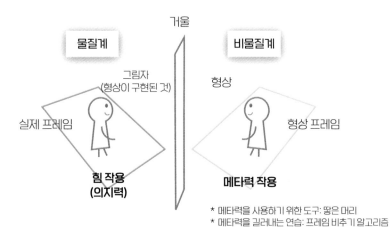

14

연극 흉내내기

깨어 있는 의식으로 흉내내기

여전히 시나리오 쓰인 역할을 여기하고 주어진 기능을 수행하지만,
깨어난 의식 상태에서는 필름을 바꿀 수 있는 기회를 가진다.

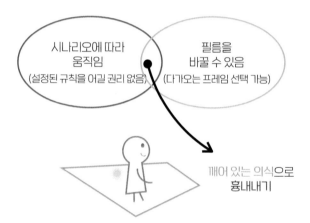

15

현존하기

현존의 상태에서 목표의 프레임 선택

▼

주의를 의식의 중심에 위치시킴으로 현존의 상태에 들어갈 수 있게 된다.
그 다음 다른 필름으로 넘어갈 수 있다.

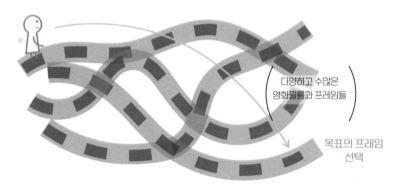

다양하고 수많은
영화필름과 프레임들

목표의 프레임
선택

일련의 사건을 정하거나, 등장인물을 정하는 것이 아님: **시나리오는 통제할 수 없음**

나만의 영화가 만들어지는 과정

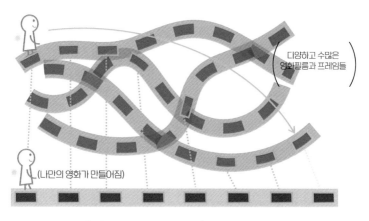

(일련의 사건을 정하거나, 등장인물을 정하는 것이 아님)

다양하고 수많은
영화필름과 프레임들

(나만의 영화가 만들어짐)

외부의도가 그 목표를 이루기 위해 방법을 찾아냄
필요에 맞게 다른 필름의 프레임이 선택되어짐

16

유용함

모든 상황에서 유용함 찾기

어떤 사건이나 상황이든 일장일단을 가지고 있기에
모든 상황에서 유용함을 끌어낼 수 있다.

어두운 면이 있다면 반드시 밝은 면도 있다

"여기에서 내가 얻을 수 있는 유용함은 무엇인가?"

17

허용하기

모든 것이 헛되이 흘러가는 것처럼 느껴질 때

▼

세상이 나에게 뭔가 기분 좋은 일을 해주거나 도움을 주도록,
또는 목표에 한 발짝 더 가까운 곳으로 보내주도록 허용한다.

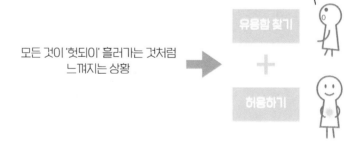

모든 것이 '헛되이' 흘러가는 것처럼
느껴지는 상황

유용함 찾기

+

허용하기

18

시나리오

왜 내 마음대로 되는 것이 하나도 없을까?

▼

왜 내 마음대로 되는 것이 하나도 없을까?
"너는 네가 어떤 상태인지 전혀 모르기 때문이다."

시나리오는 하나의 필름에 있는
너희의 모든 행동과 태도를 프로그램화 한 것이다.

그러나 행동의 환상이 너무나 강력하기에
너희는 시나리오에 따라 움직이고 있다는 사실을 알지 못한다.

*시나리오에 의해 프로그래밍 되지 않는 두 가지: 유용함과 손해를 가져다주는 예외 (Ch.16)

창조자의 불꽃

내 안에 있는 창조자의 불꽃

▼

너희 각각은 내면에 창조자의 불꽃을 지니고 있다.
자기계발을 통해 그 불꽃을 키우거라.

태초에 너희 모두는 각각의 단점을 가지고 있다 해도
그 자체로도 완전한 존재로 대자연에 의해 창조되었다.
완전한 존재로서 자신의 현실을 선택하고 자기 자신을 창조하거라.

20

힘의 지배

시나리오의 힘이 느껴지는가?

희미하게 느껴지는, 너희를 지배하는 시나리오의 힘에 순순히 따라야 한다.

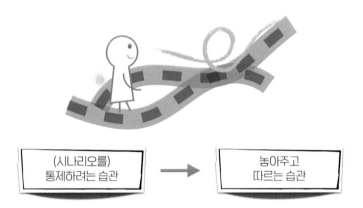

(시나리오를) 통제하려는 습관	→	놓아주고 따르는 습관

21
순응하기

: 꽉 쥔 손을 풀고 흐름을 따르기

▼

순응한다는 것은 힘의 지배를 느끼고 그것을 따를 줄 아는 것이다.

잠에서 깨어나라

1. 시나리오를 통제하려고 하는 것을 포기하거라
2. 시나리오에 순응하기 시작해라
3. 목표 프레임을 선택하거라

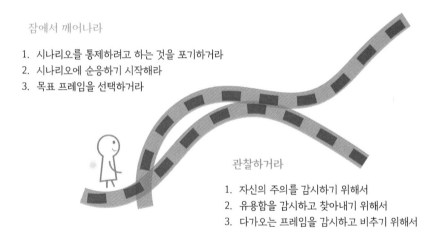

관찰하거라

1. 자신의 주의를 감시하기 위해서
2. 유용함을 감시하고 찾아내기 위해서
3. 다가오는 프레임을 감시하고 비추기 위해서

22

외부힘
(외부 의도)

: 현실이 움직이게 만드는 엔진

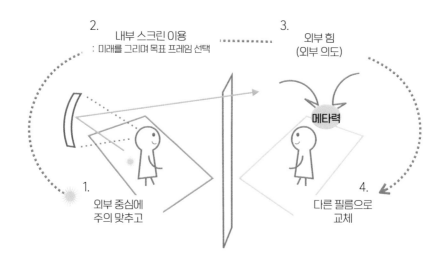

2.
내부 스크린 이용
: 미래를 그리며 목표 프레임 선택

3.
외부 힘
(외부 의도)

메타력

1.
외부 중심에
주의 맞추고

4.
다른 필름으로
교체

23

〰〰〰〰〰

종이 인형

무엇을 보여주든, 그것을 그대로 돌려 받는다

▼

거울 속 그림자와 내가 마주보고 있는 상태에서 내 마음대로 그림자를 움직이려면 어떻게 해야 할까?

24

형상 선택하기
(자신을 통제하기)

거울이 있다는 것을 아는가?

▼

거울이 분명하게 보이지는 않더라도 그 자리에 거울이 있다는 것을 알고,
그것을 고려하여 행동해야 한다.

원하는 것	정해야 할 형상	그림자로부터 받는 것
감사받는 것	감사를 표현하는 형상	감사
다른 사람을 매료시키는 것	타인에게 먼저 매료되는 형상	너희에 대한 매료
이해받는 것	이해하는 형상	너희에 대한 이해

[형상의 알고리즘]

1. '뭔가를 사람들에게서 받고 싶다'는 상황을 분명하게 이해한다.
2. '원하는 것을 줘야 한다'는 사실을 기억하며 현존의 상태로 진입한다.
3. '내가 줄 수 있는 것과 비슷한 것이 무엇인가?'를 생각해 본다.
4. 비슷한 것을 찾으면 지금 바로 주고, 앞으로도 계속 준다.
5. 비슷한 것을 찾지 못하겠다면 아무거나 주고 싶은 것을 준다.

거울과 소통하기

다른 사람과 어떻게 소통해야 할까?

▼

거울을 대하는 것처럼 그들과 소통하기

	현실	다른 사람의 현실
창조	**가능**	**불가능!**
방법	목표 프레임 선택	거울의 원칙으로만 간접 영향

현실을 정하는 것은 가능하지만, 사람을 정할 수는 없다.

26

조작하기

무엇을 조작해야 하는가?

다른 사람을 조작하려는 것은 그만두어라. 현실(일어날 일)을 조작하도록 하라.

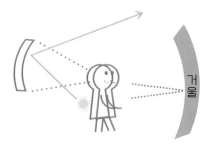

형상 과 그림자의 공존

너희가 할 일은, 너희가 가지고 싶어하는 것을 이미 가지고 있고,
되고 싶은 사람이 이미 되어 있는 상태로 들어가는 것이다.

27

그림자 선택하기

▼

그림자는 형상의 반영 **형상 알고리즘**

다른 사람을 대할 때,
받고 싶어하는 바로 그것을
다른 사람에게 주라.

물질세계   그림자   형상   가상세계

그림자 알고리즘   현실을 대할 때,
그림자로 형상을 변화시킴   가지고 싶어하는 것을 이미 가지고 있고,
되고 싶은 사람이 이미 되어 있는 상태로 들어가라

타프티가 말하는 현실의 두 가지 성질

1. 영화 필름의 성질 – 새로운 **현실**을 선택
2. 거울의 성질 – 새로운 **자기 자신**을 선택

< 형상 알고리즘
  그림자 알고리즘

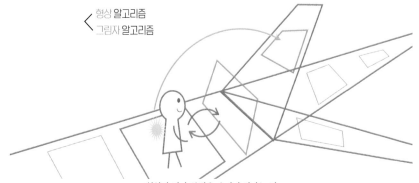

현실의 진짜 본질은 숨겨져 있다는 것.
필름의 공간은 눈에 보이지 않으며, 거울 같은 것도 물론 보이지 않는다.
하지만 이 사실을 알고 이해한다면 현실을 선택할 수 있을 것이다.

28

운명의 딜레마

습관 바꾸기

현실 자체는 실제로 존재하지만 너희는 현실의 성질을 모르고
그것을 사용하지도 못하기 때문에 현실이 허상이며 통제 불가능하다고 느껴질 것이다.

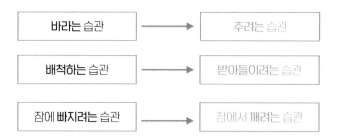

현실로부터 뭔가를 바라거나 기다리거나 의지하지 말고, 현실을 선택하라.

너희는
위대하다

아름다움과 성공, 그리고 행복의 기준은 존재하는가?

▼

기준화된 환상   VS   개인 본연의 모습

기준은 존재하지 않으며
각 사람마다 주관적이고 다른 개성을 가진다.

너희는 그 자체로
완전하다

완전함이란 무엇인가?

▼

완전함이란 자신만의 개성이자 자기 자신과 일치하는 상태다.
독특함은 너희가 가진 전부이지만 그 하나만으로도 많은 것을 할 수 있다.

그 자체로 수용하기

단점을 없애려고 애쓰지 말고 장점을 계발시키라.
본래 자신의 독특함을 유지하면서 자신을 발전시켜야 한다.

세 가지를
달성하는 방법

자신을 발전시켜라

▼

1

후퇴하는 상태에서 벗어나는 것, 소명을 찾는 것, 소명을 실현시키는 것
:자기자신을 발전시킴

장점 단점

2

3

단점에 얽매이지 않도록 하거라.
그 어떤 단점을 가지고 있다고 하더라도
자신감이 결여되서는 안 된다.

삶에서 영감을 주고 활기를 불어 넣으며
자신과 남들에게 유용함을 가져다주는
목표를 가지고 있어야 한다.

소명을 찾았든, 아직 찾지 못했든,
어떤 경우에도 자기 자신을
발전시키기고 창조하는 것에
집중하거라.

현실을 선택하는 3단계 행동

▼

1. 현실 움직이기 (의도의 땋은 머리) – 목표의 프레임 선택
2. 자기 자신 통제 (흉내내기) – 거울 사용
3. 자기 자신 움직이기 (현 프레임 안에서)
   – 발전하기, 물리적 훈련과 학습

사념체

새로운 현실과 새로운 자기 자신을 정함

▼

새로운 현실을 정하는 것	: 새로운 영화 필름
새로운 자기 자신을 정하는 것	: 새로운 마네킹 (거울)

새로운 마네킹과 새로운 현실에 관한 정보를 자신에게 주입하라.

* 사념체 예시

나는 수준 높은 전문가이다. 나는 나만의 개성을 가지고 있고,
내 서비스를 원하는 사람도 아주 많다.
내 일은 아주 가치 있는 일이며 나는 내 일에 만족하고 있다.
난 모든 걸 기발하고 훌륭하게 해낸다.

1. 땋은 머리를 활성화하여 너희가 만들어낸 사념체를 되새겨보거라.
2. 진지하게 연기할 뿐이라 느껴진다고 할지라도, 일치되게 행동하려고 노력하거라.
3. 동시에 육체적으로도 그와 일치하도록 자기 자신을 창조해 나가거라.

35

사념 표시기

: 여러 가지 일들이 일어나고 있다는 것을 확인하는 역할

▼

사념 표시기
(설계도 수정)

사념체
(현실 결정)

일의 진척에 각별한
주의를 기울임

* 사념 표시기 예시

\# 나는 목표에 매일 조금씩 더 가까워지게 되었다. \#
\# 실제로 나는 모든 것을 기발한 방식으로 해내고 있다. \#
\# 그에 따라 나의 전문성도 길러지고 있다. \#

36

탐욕스러운
사냥꾼

자신의 상태 통제하기

자신의 상태를 아주 조심스럽게, 책임감을 가지고 대하며 통제하거라.

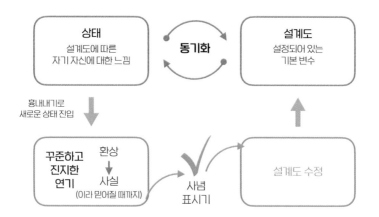

37
라다
(=자유 에너지)

:만족감, 안정감, 사랑, 호의, 축제같은 밝은 분위기

▼

현실의 상태 결정 – 라다 결정

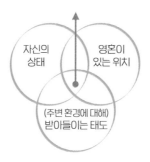

주변 환경과 무관하게 항상 라다의 상태로 들어가 있거라.
사람들은 라다를 방출할 줄 아는 행복한 자들에게 이끌릴 수 밖에 없다.

38

땋은 머리와
에너지 흐름

에너지 흐름 느끼기

▼

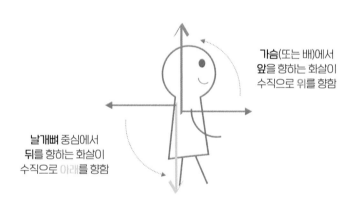

가슴(또는 배)에서
앞을 향하는 화살이
수직으로 **위**를 향함

날개뼈 중심에서
뒤를 향하는 화살이
수직으로 **아래**를 향함

에너지 흐름 훈련을 할 때 긴장을 할 필요는 없다.
1분에서 3분 정도만 집중해도 충분하다.

39

과거 실체의 힘

힘을 가질 권리

너희에겐 여러 삶을 통해 축적한 개인의 힘을 가질 권리가 있다.

땅은 머리를 사용해서 선언

> " 나는 내 권리에 대해 선언한다. 나는 내 권리를 돌려받을 것이다. "
> 실현되었던 내 모든 삶의 힘을 가질 것이다.

힘이 너희의 목소리를 들을 것이다.

무한함 속의
무한함

물질세계와 현실이 무엇인지 이제 알겠는가?

물질세계는 영사기가 비추는 프레임 자체이며,
현실은 수많은 영화 필름들이다.

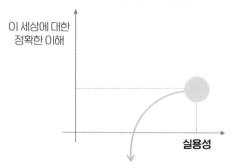

모든 것을 이해할 수 없을지도 모르나
자기 자신을 선택하고 현실을 선택할 수 있다는 것을
이제는 알게 되었을 것이다.

41

맺음말

기억하라

나를 기억하라. 그리고 너 자신을 잊지 말라.

마인드는 자신만의 분석을 하느라 바쁩니다.
'과거엔 이렇게 해서 이런 결과가 나왔으니 이번에도 이렇게 해 보자, 혹은 다르게 해 보자. 내가 경험한 바로는 이건 저렇게 해야 했다. 아니, 달리 어떤 방법이 더 있겠어? 내가 원하는 대로 되어야 해.'

마음은 그저 낡은 벽돌을 꺼내어 이리저리 조합한 집을 지을 수 있을 뿐입니다. 꽤 멋있을 수 있고, 그럴싸해 보일 수 있습니다. 그러나 어디에선가 본 듯하고, 깔끔한 것 같지만 지루하며, 찰나의 희열 말고는 더 이상의 기쁨은 존재하지 않습니다.

"모든 걸작품은 우리에게 영혼의 언어로 말을 걸어온다. 당신이 어떤 일을 하고 있건 간에 그것은 영혼으로부터 우러나올 때만 감동을 줄 수 있다."
- 리얼리티 트랜서핑2, 바딤젤란드, 박인수 역, 정신세계사. 132.

내가 현재 만들어가고 있는 이 작업물들엔 영혼이 담겨 있는가? 예술, 과학, 사업의 위대한 천재들은 모두 자신의 영혼에게 자문을 청했기 때문에 걸작을 남길 수 있었다고 하죠.

그와 같은 무한한 가능성의 영혼이 제게도 있으며, 저만의 영혼 역시 그 자신을 표현하고 싶어 합니다. 그러나 펜듈럼에 갇힌 마음은 자신이 옳다 믿으며 영혼을 상자 안에 가둬두려 노력합니다.
'어떻게 감히 네가 새로운 것을 창조해낼 수가 있겠어? 이미 새로운 것들은 다 나왔고, 넌 그저 쭈그리고 앉아 그거나 보고 있어.'
분명히 그런 가능태가 존재합니다. 흩어져 있는 지식들을 나만의 방식으로 표현할 수 있는 효율적이고 창조적인 어떤 형태가, 그 앎이 드러나는 가능태 말이죠. 적적할 때가 되었을 때 마주하게 될 겁니다.

이 결과물은 하나의 시작입니다. 여기까지도 쉽진 않았습니다. 한 장, 한 장을 요약하고 정리하며 그림으로 표현하기를 고민하다 보면 더 이상 어떤 앎도 떠오르지 않아 울적할 때도 많았습니다. 손에 잡힐 듯, 안 잡힐 듯 트랜서핑의 여러 개념들이 손에 들어왔다 빠져나가곤 했죠.

"당신에게 필요한 것은 단지 영혼이 모든 것을 할 수 있다는 것을 사실로 받아들이고 자신이 그 지식을 활용하도록 허용하는 것뿐이다."

결국 제게 온 이 영혼은 앞으로도 자신을 표현할 길을 스스로 찾아낼 것입니다.

참고문헌

[DAY 01 - DAY 78] : 바딤젤란드,
박인수 역, 트랜서핑 타로카드 설명서,
정신세계사. 2009.

DAY 01 같은 책, 40p.
DAY 02 같은 책, 42p.
DAY 03 같은 책, 44p.
DAY 04 같은 책, 46p.
DAY 05 같은 책, 48p.
DAY 06 같은 책, 50p.
DAY 07 같은 책, 52p.
DAY 08 같은 책, 54p.
DAY 09 같은 책, 56p.
DAY 10 같은 책, 58p.
DAY 11 같은 책, 60p.
DAY 13 같은 책, 64p.
DAY 14 같은 책, 66p.
DAY 15 같은 책, 68p.
DAY 17 같은 책, 72p.
DAY 18 같은 책, 74p.
DAY 19 같은 책, 76p.
DAY 20 같은 책, 78p.
DAY 21 같은 책, 80p.
DAY 22 같은 책, 82p.
DAY 23 같은 책, 84p.
DAY 24 같은 책, 86p.
DAY 25 같은 책, 89p.
DAY 26 같은 책, 90p.
DAY 27 같은 책, 92p.
DAY 28 같은 책, 94p.
DAY 29 같은 책, 96p.
DAY 30 같은 책, 98p.
DAY 31 같은 책, 100p.
DAY 32 같은 책, 102p.
DAY 33 같은 책, 104p.
DAY 34 같은 책, 106p.
DAY 36 같은 책, 110p.
DAY 37 같은 책, 112p.

DAY 38 같은 책, 114p.
DAY 39 같은 책, 116p.
DAY 40 같은 책, 118p.
DAY 41 같은 책, 120p.
DAY 43 같은 책, 124p, 125p.
DAY 44 같은 책, 126p.
DAY 46 같은 책, 130p.
DAY 47 같은 책, 132p.
DAY 48 같은 책, 134p.
DAY 49 같은 책, 136p.
DAY 50 같은 책, 138p.
DAY 51 같은 책, 140p.
DAY 52 같은 책, 142p.
DAY 53 같은 책, 144p.
DAY 55 같은 책, 149p.
DAY 56 같은 책, 150p.
DAY 57 같은 책, 152p.
DAY 58 같은 책, 154p.
DAY 59 같은 책, 156p, 157p.
DAY 60 같은 책, 159p.
DAY 61 같은 책, 160p.
DAY 62 같은 책, 162p.
DAY 63 같은 책, 164p.
DAY 64 같은 책, 166p.
DAY 65 같은 책, 168p.
DAY 66 같은 책, 170p.
DAY 67 같은 책, 172p.
DAY 69 같은 책, 177p.
DAY 70 같은 책, 178p.
DAY 71 같은 책, 180p.
DAY 72 같은 책, 182p.
DAY 73 같은 책, 184p.
DAY 74 같은 책, 187p.
DAY 75 같은 책, 188p.
DAY 76 같은 책, 190p.
DAY 77 같은 책, 192p.
DAY 78 같은 책, 195p.

그림으로 이해하는 [여사제 타프티]
: 바딤젤란드, 정승혜 역, 여사제
타프티, 정신세계사. 2018.

01 같은 책, 11p.
03 같은 책, 17p.
04 같은 책, 21p.
05 같은 책, 26p.
08 같은 책, 40p.
09 같은 책, 50p.
10 같은 책, 50p, 52p.
11 같은 책, 58p.
12 같은 책, 62p.
13 같은 책, 69p.
14 같은 책, 72p.
16 같은 책, 81p.
17 같은 책, 87p.
18 같은 책, 91p, 94p
19 같은 책, 99p.
20 같은 책, 104p.
21 같은 책, 110p, 111p.
23 같은 책, 121p, 123p.
24 같은 책, 127p, 128p.
25 같은 책, 132p.
26 같은 책, 139p.
27 같은 책, 141p.
28 같은 책, 147p, 148p.
30 같은 책, 159p.
31 같은 책, 162p, 163p.
34 같은 책, 178p, 179p.
35 같은 책, 185p.
36 같은 책, 189p.
37 같은 책, 196p.
38 같은 책, 202p.
39 같은 책, 208p.
40 같은 책, 215p.